NAUFRAGIO
UNA HISTORIA DE AMOR

Cristina Carrizo Altuzarra

COLECCIÓN ITES

NAUFRAGIO. UNA HISTORIA DE AMOR

© Cristina Carrizo Altuzarra
© Prólogo: Rocío de Juan
© Ilustración de cubierta: María E. Yagüe
© Fotografía de la autora: Ana Máñez
© 1ª edición: Olé Libros, 2024
© 2ª edición: Olé Libros, 2026

ISBN: 978-84-10053-88-5
Depósito legal: V-4272-2024
Impreso en España

KALOSINI, S. L.
Grupo editorial olélibros
equipo@olelibros.com
www.olelibros.com

A mi madre por ser faro,
a mis hijos por ser ancla.

PRÓLOGO

Escribir el prólogo de *Naufragio* es, sin duda, un acto especial para mí. No solo porque conozca a su autora, Cristina, de una manera muy cercana, como alumna de mis talleres de escritura. Más allá de eso, es una amiga querida, alguien cuya personalidad siempre me ha inspirado. Y en este libro, para quienes se aproximen a su obra, comparte una nueva muestra de su inmensa sensibilidad y de su talento para transformar las emociones en palabras.

Este es un libro para quienes alguna vez amaron, sufrieron y, finalmente, encontraron paz. Un poemario que nos sumerge en la experiencia misma del amor y sus vaivenes y que, como el mar, es impredecible, inmenso, capaz de arrastrar y de salvarnos.

La voz que guía al lector, a la lectora, a través de *Naufragio* es personal e íntima. Se muestra vulnerable pero también fuerte, y refleja un hermoso proceso de sanación y autocomprensión. Cristina hace uso de un lenguaje sencillo, accesible, que permite que sus poemas resuenen con profundidad. No necesita artificios literarios; elige un estilo claro que desnuda la honestidad emocional de su contenido. Al mismo tiempo, cada verso está cargado de simbolismo y emoción, cada palabra tiene su peso. Hay ritmo natural en sus poemas, y juega la baza de los versos libres, que pausa y acelera en momentos clave para intensificar la carga emocional de cada poema.

En este poemario, navegamos por las aguas turbulentas del amor sin olvidar la esperanza. La autora nos recuerda que, aunque a veces podamos sentirnos a la deriva, el amor, al igual que el mar, puede salvarnos, devolvernos a la orilla y permitirnos renacer. Sus cinco partes nos llevan a través de una travesía emocional, desde las aguas más apacibles hasta las tormentas más devastadoras. En sus versos se siente la euforia del enamoramiento en «Rompeolas», el dolor profundo de la pérdida en «Oleaje» y el duelo amargo en «Resaca». Sin embargo, a través de cada ola de tristeza, se vislumbran los rayos de esperanza que surgen en «A flote», hasta llegar a la serenidad y el equilibrio emocional de «En calma».

«Rompeolas», la primera parte, posee un tono juguetón, apasionado, lleno de imágenes sensoriales que expresan el descubrimiento mutuo en una relación, como expresan estos versos:

Yo te quiero de cuerpo entero,
de día,
y, también, en enero.

Aquí la voz poética expresa la aceptación completa de la otra persona, sin necesidad de ocultar o disfrazar el afecto que se siente, lanzada al desafío y al compromiso de amar incluso cuando las circunstancias sean menos fáciles.

En el siguiente apartado, «Oleaje», el amor se descompone bajo la presión de las olas incesantes de conflictos, reproches y desengaños. Los versos son más cortantes, y el ritmo de los poemas refleja el caos y la desesperanza que acompañan al desmoronamiento de una relación. Como encapsula el verso *Nos quisimos tanto / que no lo vimos llegar*, hay sensación de sorpresa y desolación ante un amor que, a pesar de su intensidad, no fue suficiente para evitar el naufragio.

«Resaca», por su parte, explora el dolor de la pérdida, el vacío que queda tras la partida del otro, amén de esa constante sensación de retroceso, en la que los recuerdos vuelven una y otra vez, impidiendo avanzar. Los versos aquí son más introspectivos, con un tono melancólico que refleja la tristeza profunda del duelo amoroso.

Quiero parar,
soltar lastre,
aprender a volar.

Estos tres versos nos hablan de transformación interna. Hacer una pausa en el camino, tomar distancia para mirar con más claridad dentro de ti, con la disposición de dejar atrás el dolor, la culpa, el miedo, y alcanzar nuevos horizontes, superando cualquier limitación autoimpuesta.

Tras el duelo, llega la fase de la superación en el epígrafe «A flote». Aunque el dolor sigue presente, se deja atrás el sufrimiento para encontrar el propio equilibrio. Los versos se aligeran, hay esperanza, y el agua ya no es un enemigo, sino un lugar donde la protagonista comienza a flotar.

Florecerás, querida mía,
no importa lo bajo que caíste,
si dolió tanto que acabó en llanto.

Se evoca la imagen del florecimiento, pero de forma renovada, con belleza y fortaleza. Se enfatiza que, sin importar cuán profundo haya sido el dolor, eso no determinará el futuro. No se oculta ni minimiza el sufrimiento vivido, sino que se valida, como parte del proceso.

Finalmente, la serenidad. La quinta parte, «En calma», es la culminación del viaje emocional: el amor, o la pérdida de él, ya no duele. Llega después de la tormenta, y los versos reflejan una paz que solo puede obtenerse después de haber sobrevivido a las turbulencias emocionales.

Mañana es nuestro aniversario,
van diez años,
desde la segunda vez.

Un aniversario destaca la duración de la relación. Diez años es, además, un hito significativo, y lleva aparejado celebración y nostalgia. La *segunda vez* introduce un matiz de complejidad; es una relación en la que ha habido altibajos, pero el desafío se ha superado.

Cristina no solo navega a través del amor y el desamor, también hace que la voz se enfrente a preguntas sobre sí misma y su identidad. ¿Quién soy sin el otro? ¿Cómo sigo adelante tras una ruptura? Esta exploración se refleja en versos como en los siguientes:

No soy mejor que ayer.
Probablemente, tampoco que mañana.
Muchas veces se me olvida ser.

Naufragio no es solo un libro de poemas, es un mapa emocional que nos guía a través de las tormentas del amor, la pérdida y la redención. Te invito a adentrarte en sus páginas; como en el mar, descubrirás que hay momentos en los que hundirse también puede ser la mejor manera de aprender a flotar.

Rocío de Juan
Sevilla, octubre 2024.

PARTE I

ROMPEOLAS

Dique o muro construido en el mar para procurar abrigo a un puerto y protegerlo del oleaje.

Bésame bajito para no despertar
a los monstruos que duermen debajo del miedo.

AMORES

Hay amores que se agarran en la garganta.
Otros, que no pasan de debajo de tu falda.
Unos se convierten en eternos por ser primeros
y otros se prenden en el pecho.

Están los intempestivos,
los de olor a cubata
y los de «no me acuerdo».

Unos saben a nuevo,
son torpes, atropellados,
que se enganchan entre los dedos.

También hay viejos,
sin prisa,
que se conocen el camino
con los ojos abiertos.

Están los de «no deberías»,
«pero quiero».
Los «quiero, pero no puedo».

Los que saben a recuerdo,
a canción de verano,
los de saldo y esquina,
los de verdad y de mentira.

Están los que suenan a mar,
los llenos de dudas,
los de «te querré siempre»
y los que sabes que nunca volverán.

Hay algunos que vienen en tiempo de descuento,
y tienen mucha prisa por llegar.
A muchos les puede la culpa
y los menos saben cuándo será el final.

Existen tantos amores como formas de amar.

Melancolía

Cómo puedo echarte tanto de menos
si ni siquiera te he tenido entre mis dedos,
no sé cómo encaja tu espalda contra mi cuerpo
o si duermes del lado izquierdo.

Imagino tus labios enganchados a mis besos,
la barba de dos días arañando mi pecho
y esa sonrisa que tuerces
cuando te atrapa el miedo.

Recuerdo nuestro último encuentro,
tu pelo alborotado por el viento
y esa forma de tocarme cuando me decías
que te daba miedo nadar mar adentro.

Cómo puedo echar de menos unos besos
que no sé si son largos, revueltos
o si lo haces con los ojos abiertos.

Te confieso que cada noche te sueño,
te imagino a mi lado durmiendo,
no me despiertes, yo, contigo, vuelo.

Quédate esta noche y
convirtámoslo en costumbre.

PRIMERAS VECES

Te invito a un café y lo que surja.
Nos contamos las penas,
presumimos de heridas
y dejamos las derrotas para otra cita.

Si te quedas con ganas,
te invito a la cena.
Damos paso a la risa,
a los «te imaginas»
y jugamos a verdades y mentiras.

Si todavía te queda hueco,
nos saltamos los postres,
nos llenamos de besos,
nos regalamos algún «te quiero»
y, quién sabe,
igual un día recordamos
que fui yo quién te invitó primero.

Sacarte de mi cabeza

No puedo sacarte de mi cabeza,
tal vez sea mejor perder la cuenta
de la próxima cerveza,
del siguiente beso con lengua.
Mi mente no deja de dar vueltas
buscando el camino más rápido hasta tu puerta.

Quiero saber todo de ti.
Tu primer *piercing*,
qué significa el tatuaje de tu gemelo,
si eres de gatos o perros,
te levantas con el pelo revuelto,
te gusta la playa en enero
y cuándo diste tu primer beso.

Si quieres te cuento
que me tiemblan las piernas cuando te veo.
Me corta la respiración tu aliento
y en tus ojos cabe mi mundo entero.

Mi corazón me advirtió que esto iba en serio,
con sus desvelos a destiempo,
cantando en bucle esa canción en mi pecho
y latiendo acelerado, arrítmico, contento.

El tiempo no lo cura todo,
tu sonrisa sí.

TODO CONTIGO

No sé quererte a medias,
ni a ratos,
ni solo de cintura para abajo.

Yo te quiero de cuerpo entero,
de día,
y, también, en enero.

No soy de dejarlo para mañana,
ni de quedarme con las ganas,
me gusta el café en la cama.

Por las noches, me basta con tocarte
con los pies bajo la sábana.
Otras, necesito que me abraces
y acoples tu cuerpo con mi espalda.

Si prometes quedarte,
comparto contigo toda mi almohada.

ME ACUERDO DE TI Y SONRÍO

Repaso de memoria lo que dijiste,
lo que dije,
lo que callé
y guardé para después.

De noche, imagino trescientas formas de besarte,
de decirte que me gustas,
que pasaría la vida hablando contigo,
que eres mi norte,
que nada de esto me asusta.

Me siento a tu lado,
rozo tu mano para hacer contacto,
subes mi temperatura diez grados
y mi corazón late acelerado.

Me sonrojo cuando me sostienes la mirada,
pareciera que, detrás de mí,
el mundo entero se derrumbara.
Me quedo contigo,
lo demás no importa nada.

Vivo en el precipicio de tu boca,
evitando caer en el acantilado de tu olvido.

ERES...

Eres mi noche de Reyes.
Mi chocolate después de la cena.
Mi verano en enero.
El atardecer en la arena.

Mi cigarro de después.
La cerveza fría.
El último helado del congelador
de una nevera vacía.

Mi tarta de cumpleaños.
Mi primer deseo.
La palabra exacta.
Mi Romeo.

Mi lugar favorito.
Las caricias bajo la sábana.
El libro que engancha.
Mis ganas.

El café con leche.
Mi canción favorita sonando fuerte.
Mi juego de niños no apto para adultos.
Mi noche, mi todo, mi siempre.

DUERME CONMIGO

Arráncame el cielo
y cúbreme con un manto de estrellas.
Seamos cuerpos celestes,
cometas atravesando el cielo,
galaxias en las que perderse.
Convirtámonos en meteoritos
estrellándonos contra este mundo terrestre.
Hagamos que nuestro tiempo sea infinito.
Duerme conmigo,
déjame que te lo demuestre.

Nuestro amor es para valientes
y voy cargada hasta los dientes.

Declaración de amor

Sangro versos
y en tus ojos me ahogo.
Nunca encuentro la palabra exacta
para decirte te quiero.
Si me abres la puerta
prometo no cerrar por dentro.
Te doy mis alas
si las coses a tu cuerpo.
Sálvame de este naufragio
y déjame vivir en tus besos.

NAUFRAGIO

Nadé en la profundidad más remota.
Respiré la oscuridad de los peces abisales.
Me recetaron cantos de sirena.
Nacieron escamas de mis pieles.

La marea me arrastró hasta tu orilla.
Me salvaste del naufragio.
Fuiste mi boya, mi salvavidas.

Me enseñaste a flotar,
a bailar el agua,
a vencer el miedo con besos,
a surcar el mar con mi cuerpo
y a dejarme llevar cuando la marea me arrastra dentro.

Ahora saltamos las olas,
jugamos con las caracolas,
sin tiempo, ni horas.

Me salvaste del naufragio,
fuiste mi boya, mi rompeolas.

PARTE II

OLEAJE
El oleaje es la sucesión continuada de olas generadas
por el viento que acaban muriendo en el mar.

Te fuiste demasiado lejos
para encontrar el camino de vuelta.

FINALES

Nos quisimos tanto
que no lo vimos llegar.
Nos pensamos eternos,
en una melodía sin final.

Ahora, mis lágrimas
encharcan las penas
de un corazón
que perdió el compás.

Me encantaría decirte
que esto también pasará.
Pero no tengo una maldita bola de cristal
y lo de predecir el futuro
siempre se me dio mal.

Seguramente pase,
pero saldremos con heridas
de las que cicatrizan con relieve
para no olvidar.

Cuando las toques recordarás
que hubo días
que fuimos capaces de volar.

Nos quisimos tanto
que no lo vimos llegar.

TRENES

Hay trenes que nunca debería haber cogido.
Me embarqué en un viaje
sin brújula, ni destino.

El amor se bajó en la primera estación,
mientras yo dormía
en algún oscuro vagón.

Llegué a una ciudad sin nombre,
de pasajeros sin apellidos
con maletas en consignas,
llenas de objetos perdidos.

Caminé sin rumbo,
como amante herido,
que busca, pero no encuentra,
a su amor perdido.

Lloré cada calle.
Bebí cada esquina.
Mientras lamía las heridas
que supuraban canciones de despedida.

Hay viajes que son más tristes
que una calle sin salida.

Empecé a quererte por costumbre
y olvidé hacerlo como el primer día.

MITADES

Cuando te fuiste sentí que me partía en dos
y es que una parte de mí se fue contigo.
Repartimos los libros, las fotos
y algunos amigos.

¿Y ahora qué?
¿Quién me abrazará cuando duela?
¿Quién me calmará las noches en vela?

No sé en qué momento te perdí,
me partí.
Me dejaste una cama vacía,
una casa que voló por los aires
y un corazón que apenas latía.

Devuélveme todos los amaneceres,
los besos que no puedo darte,
el brillo de mis ojos al mirarte y
la promesa de que nunca ibas a marcharte.

Devuélveme mi parte, esa que te llevaste.

SORDERA

Había tanto ruido que no te oí llegar.
Perdona si no te invité a entrar.
Pensé que no volverías jamás.

Seguramente no me oíste cuando te grité,
desde el hueco de la escalera,
que no volvieras a llamar.

Vestía el traje de guerra
y luchaba contra los monstruos
que me causan sordera.

Llevan conmigo una vida entera
y no se quieren marchar.

Perdona si no te oí llegar.
Pensé que no volverías a llamar.

Cuando el olvido se hace recuerdo,
es imposible curar.

OLVIDO

Yo si quieres te olvido,
pero los recuerdos se vienen conmigo.

Puedo olvidar tu nombre,
que la suma de sus letras cabe en los dedos de mi mano
y que la última vez tu cumpleaños cayó en sábado.

Puedo olvidar tu número de teléfono,
la talla de tus calcetines
y cómo se te rizaba el pelo en verano.

Pero, dime
cómo hago para deshacerme de las mariposas
que anidaron en mi tripa,
borrar la sonrisa que dibujaron tus labios
y quitarme esta estúpida manía de quererte tanto.

Si quieres te devuelvo las fotos,
el imán de Cádiz de la nevera,
tu cepillo de pelo
y el atrapasueños que compramos en Formentera.

Pero, dime
cómo hago para devolverte las olas que saltamos,
los conciertos que gritamos,
las lágrimas que besamos
y este echarte tanto de menos.

Que sí, que si quieres te olvido,
pero déjame los recuerdos
de nuestro primer beso,
de nuestro verano en invierno
y de las noches sin freno.

Yo te olvido,
pero los recuerdos son míos
y esos no te los devuelvo.

ANOCHECE

Déjame quererte como lo hacía las noches de luna llena.
No quiero empezar de cero
si contigo fui infinito.

Miénteme y dime que todavía me quieres
y que los días sin mí duelen.

A mí no se me van las ganas
de meterte en mi cama,
dormir en tus besos,
desenredarte el pelo
y acariciar palmo a palmo tu cuerpo.

Sigo soñando contigo,
te espero en las noches de invierno.
No tengo miedo al tiempo,
solo quiero que vuelvas
y despertar de este infierno.

Éramos fuego ardiendo en cada esquina.
Quemándolo todo, convirtiéndolo en ceniza.

LLUVIA

Mi cuerpo reacciona a ti
como los huesos a la lluvia.

Te presiente antes de que sucedas,
te huele como las tormentas.

Dices que esto se acaba,
pero tu olor sigue impregnando mi cama.

Repites que ya no me quieres,
pero todavía te estremeces.

Juras que me olvidaste,
pero los dos sabemos que siempre mientes.

HUIDA

Cuántas cosas me callé por no herirte,
cuántas me dijiste tú para destruirme.
No hubo mástil capaz de soportar esta vela,
ni corazón que no duela.

Me hice una coraza a prueba de ti,
intenté huir,
pero tus balas eran certeras
y alcanzaron a este cuerpo
cubriéndolo de arena.

Me robaste hasta el aire,
ni eso me dejaste.
No hubo tregua para este amor cobarde,
que prefirió morir
a volver a enamorarse.

Tú siempre tan tú y yo tan poco.

Sin ti

Estar sin ti
es una broma de mal gusto,
una pesadilla,
un quiero y no puedo,
una película sin final feliz.

Buscarte entre los huecos,
hacerte sitio,
poner la mesa para dos,
cocinar el doble de arroz,
escuchar tu canción preferida,
olerte en cada jodido rincón.

Dueles como herida abierta,
como una noche de tormenta.
Hace frío en la cama,
no tengo ganas.
Dejo la puerta abierta,
no llamas,
me dejas en visto,
pero yo no desisto.

Resisto,
te espero por si vuelves.
No puedo estar sin ti,
no sé cómo hacía antes
cuando ponía la mesa para uno,
ocupaba la cama entera
y me daba igual si la luna estaba llena.

No puedo estar sin ti,
no quiero,
me niego
a vivir así.

PARTE III

RESACA
Corriente marina que hace retroceder a las olas
después de que han llegado a la orilla.

Corazón en obras.
Rogamos mantener la distancia de seguridad.
Peligro de derrumbe.

Soledad

Hoy la soledad se hace fuerte.
Avanza sin parar y hiere.
Intento olvidar lo que perdí,
lo que fui,
lo que construimos.

Miro atrás y no entiendo cómo.
Camino sin saber dónde.
Simplemente respiro
y me dejo llevar.
Quiero parar,
soltar lastre,
aprender a volar.

En este momento sobran los motivos
para que una gota colme el vaso
y una corriente se lleve todo consigo.
Déjame en el encierro de mi reino,
yo sola, conmigo.

A la deriva

Me siento una farsa.
Si rascas,
cayó mi castillo de cartas.
No puedo.
No llego.
No sé.
Tiempo que vuela
voló.
Tiempo pasado
no fue mejor.
Las cicatrices recuerdan la lluvia.
No soy mejor que ayer.
Probablemente, tampoco que mañana.
Muchas veces se me olvida ser.
No recuerdo mi color favorito,
ni mi cuerpo siente su piel.
Lo veo todo en blanco y negro.
No sé qué hora es.
Mi piloto viaja en automático,
se ha olvidado de cómo volver.

Ayuno tus besos para adelgazar el ansia
de echarte tanto de menos.

RESACA

Vivo tan cerca de la muerte
que muchas veces se me olvida
que todavía respiro.

Al cabo del día me rompo unas cien veces.
Mi voz se quiebra en llanto
y toco mi corazón para comprobar que late.

Subo y bajo como las olas
intentando besar la arena,
pero la marea me arrastra y me aleja.

No hago pie en lo profundo,
me agarro a la boya
que, temblorosa, no deja que me hunda.

Solo quiero salir a flote
y respirar sin que duela.

PRIMERA VEZ

Déjame quererte como la primera vez,
como se quiere a las cosas nuevas,
cuando todo está por hacer.

Estrenar unos besos nuevos,
sorprenderte con un «te quiero» en francés.
Desenvolver los abrazos que no nos dimos,
olvidar que hubo un nosotros,
un antes y un después.

Quiero volver contigo,
sentarme a tu lado en el sofá,
dejar la película a medias,
recorrer con besos tu línea dorsal.

Viajemos al norte,
desayunemos frente al mar.
Déjame quererte,
no necesito nada más.

El dolor es relativo,
unos viven sangrando
y otros se ahogan en la herida.

MIEDO

Tengo miedo del futuro,
de no vivirlo,
de lo que pudo ser
y fue en otra piel.

Tengo miedo del presente,
de no saber,
de perderme en oscuridades
que me hagan caer.

Tengo miedo del pasado,
de no recordarlo,
de olvidarlo
y desaparecer.

Tengo miedo del miedo,
de no poder seguir viviendo
y no ver amanecer.

Me recetaron abstinencia,
pero no sabían que tú eras mi peor droga.

PECADO

Fuiste mi mayor pecado,
me enamoré del chico equivocado.
Tú eras el diablo
y yo prendía en tus brazos.

No hubo cura capaz de absolver esta culpa.
Un padrenuestro, dos avemarías
y un credo.

Recé por no volver a verte,
pero cada noche aparecías
con tus promesas y tu tridente.

Me hechizaste con tus besos,
me sedujiste con tus «te quiero»,
caí en el infierno
de un amor que ardió en deseo.

SALVACIÓN

Pídele a otra que te salve,
ya no me ahogo por nadie.
Aprendí a nadar sin aire,
sin salvavidas,
sin rescate.
¡Sálvate tú!
Tú sabes cómo cuidarte.
No me hables de treguas,
ni de enterrar el hacha de guerra.
No fui yo quien empezó.
Fuiste tú el que me dejaste.
Lo siento, amor mío,
ahora te toca a ti
recorrer tu propio camino.
¡Feliz viaje!

Si todos fuéramos más animales,
el mundo sería más humano.

EMOCIONARIO ANIMAL

A veces la pena se me agarra al cuello
como una mona temblorosa.
Ella llora y llora.
Yo la acaricio y la peino.
La consuelo y la mimo
hasta que se suelta
y se enreda entre mis dedos.

Otras es el miedo
que sube por la espalda,
recorre mi piel como una araña de patas largas.
Silenciosa, sigilosa, tenebrosa.
Paraliza mi cuerpo,
anuda mi garganta.

A veces es el enfado
el que revolotea en mis costillas,
como un pájaro enjaulado,
se siente fuerte en la tripa.
Bate sus alas, golpea mis sienes,
quiere derribar las paredes.

Otras, viene la alegría,
más divertida,
cargada de mariposas de colores
que me hacen cosquillas
en los pliegues de mi barriga.

Lo mejor, cuando llega el amor,
como gato curioso,
suave y silencioso,
rozando sus bigotes con mi rostro,
deslizando su lomo contra mi torso.

Emociones animales
recorren mi cuerpo
libres, puras y salvajes.

En pedazos

Noto cómo la tristeza se instala
poco a poco en mi cuerpo.
Ha tomado asiento,
va ganando terreno.

Ya no queda hueco
para la alegría, las palabras,
ni los besos.

Es tan intensa que me desborda.
Precipita mis lágrimas,
desboca mis ansias,
me arranca el aliento.

Mi cuerpo se tambalea,
tirita de miedo.
La voz ya no se escucha
y las caricias ya no las siento.

¡Cómo me dueles, mundo!
Me rompes por dentro.

PARTE IV

A FLOTE
Flotar en el agua, estar a salvo y fuera de peligro.

La escritura como catarsis,
la poesía como el mayor acto de rebeldía.

Poesía

Cuántas veces quieres que te lo diga,
si me voy de la palabra escrita a la herida.
Si mi poesía sangra,
mientras mis versos respiran.

Soy una mujer que aprendió
a rimar para sentir
porque las palabras
se le atragantaban en la garganta.

No hubo prosa que me salvara,
solo los poemas
curaron mi alma.

El miedo es innato,
solo hay que sacarlo a bailar.

VOLVER A CASA

Ha llegado la hora de volver,
de volver a casa,
pero no encuentro las llaves.
Tan solo un llavero con mis iniciales,
me recuerdan que un día fui
la niña bonita de un padre,
que se deshacía en besos,
y una madre que velaba mis sueños.

He recorrido cientos de calles,
pero no logro encontrar la mía.
No recuerdo si mi casa la bañaba un Río,
lindaba con un Monasterio,
se alzaba en un Monte
o si llegué a vivir en un Castillo.
Tampoco si Madrid era la dirección
o la ciudad de mi regreso.

No sé si voy o vengo,
el hambre me obligó a comerme las migas
que debían marcar el sendero.

Me pregunto si habrá alguien al otro lado,
si mi cama seguirá junto a la ventana.
Sigue dándome miedo el fuego y
prefiero saltar que arder.
Las heridas no las curó el tiempo,
tan solo dejaron de doler.

Tal vez sea la nostalgia de un verano
que parece eterno
o de un invierno que anuncian frío como el hielo,
pero ha llegado la hora de volver
y finalizar este trayecto.

No hay pena que mar no arrastre.

'

Renacer

Florecerás, querida mía,
no importa lo bajo que caíste,
si dolió tanto que acabó en llanto.
Crecerán más fuertes tus raíces,
nacerán hermosas flores de tus cicatrices.
No temas si duele cuando brotas,
estarás más cerca de la superficie.
La luz iluminará tus grietas.
El aire removerá tus hojas.
Y tú volverás a la vida,
pero, esta vez,
renacida y viva.

Llorarlo todo para convertirme en mar
y por fin ser capaz de flotar.

PRIMER AMOR

Que si la quiero, dice.
Si clasifico su sonrisa por colores,
entreno tequieros frente al espejo
y conozco cada arruga de su ceño.

Que si la quiero, dice.
Si acuno su mundo entre mis dedos,
le seco las penas cuando tirita en invierno
y le abrazo cada uno de sus miedos.

Que si la quiero, dice.
Si la dibujo en el aire con mis dedos,
me sé de memoria el sabor de sus besos
y conozco el punto exacto donde nacen sus sueños.

Que si la quiero, dice.
Si todas las canciones hablan de ella,
sus fotos empapelan mis recuerdos
y su risa es la banda sonora de mi vida.

Que si la quiero, dice.
Si con ella viajo sin billete de vuelta,
me como sus sobras cuando está llena
y le bajo la luna los días que mengua.

Que si la quiero, dice.
Si es la pieza de mi rompecabezas,
la sutura de mis cicatrices,
el regazo donde quiero hacerme vieja.

Que si la quiero, dice.
Si celebro cada uno de sus logros,
le cuento ovejas cuando está despierta
y le miento cuando le digo que sabré vivir sin ella.

Que si la quiero, dice,
cómo no voy a hacerlo.

Deja huellas,
no cicatrices.

PARTE V

EN CALMA

Ausencia de viento y olas que provoca un mar en calma, tranquilo y sereno.

Nuestro amor era un juego de niños
no apto para adultos.

SEGUNDAS VUELTAS

Tenías prisa por salir
o por llegar a algún lugar.
Dejaste las llaves puestas,
la maleta en la puerta
y pensé que no volverías jamás.
Cerré con dos vueltas
y guardé tus cosas en el desván.

Tiré tu cepillo de pelo
y me puse a llorar.
Jugué a volver a ser una,
a dormir en tu lado del sofá.
Borré tus fechas en mi calendario
y salí a bailar.

Me juré olvidarte,
odiarte,
romperte,
arrancarte,
incluso perdonarte.
Pero en mi lista no contaba
con volver a enamorarme.

Y te esperé una vuelta,
con sus inviernos y sus fríos,
con sus veranos y sus delirios.
Hasta que, un día,
apareciste por la puerta.
Ya no éramos los mismos.
No éramos unos críos.
Tú con tus canas
y yo con mis ganas.

Decidimos volver,
empezar de nuevo.
Olvidar que hubo un ayer.
Mañana es nuestro aniversario,
van diez años,
desde la segunda vez.

Mar en calma

Ya no surco mares,
prefiero navegar entre tus lunares,
bucear en tus profundidades
y aprenderme de memoria
tus puntos cardinales.

Hace tiempo que nadie me espera,
se hundió el barco,
tiré el ancla
y llamé a tu puerta.

No me hables de aires,
tramontanas, sirocos ni levantes.
Ahora bebo tus vientos,
de tus besos me alimento.

Dejé de luchar contra gigantes,
hui de piratas y maleantes.
Cambié barco por puerto,
aires por viento
y mares por TEQUIEROS.

Persigue tus sueños
mientras esquivas tus miedos.

TE PERDONO

No necesito conocer los motivos,
pero déjame curarte los destrozos.
Sé que vienes de muy lejos
y luchaste contra tus demonios.

En mi cama hay bandera blanca,
una manta, descansa.
Te abrazo por la espalda.
Te canto una nana.

Tranquilo, ya estás en casa.
Déjame que te cuide.
Te besaré las heridas,
hasta que cicatricen.

No temas, vida mía.
Perdono tus ausencias,
tus despistes,
tus pocas ganas.

Pensé que ya no me querías,
pero estabas encajando
los trozos de un cuerpo roto,
que apenas se sostenía.

Perdóname tú,
por mis silencios,
mis reproches,
mis lamentos.

Nunca me hablaste de tus miedos.
No sabía la batalla que librabas dentro.
Déjame que te cuide,
ya veremos el resto.

MI PERSONA FAVORITA

Mi persona favorita
tiene nombre compuesto,
pasa los cuarenta
y no quiere hacerse viejo.

De pequeño vivía en un bajo,
que en realidad era entresuelo.
Es el mediano de tres hermanos
y el veinte de mayo cumple años.

De padre obrero,
madre ama de casa,
se compró su primer balón
con la paga de diez semanas.

Mi persona favorita
prefiere la montaña a la playa,
la pasta con tomate
y sueña con viajar al Himalaya.

Dice que le asustan las alturas,
pero prefiere el vértigo al miedo.
No sabe estarse quieto
y carga una maleta repleta de sueños.

Mi persona favorita
duerme en el lado izquierdo,
tiene sueño ligero
y es la doble A de mi teléfono.

Tiene el don de leer los pensamientos,
levantarse mil veces del suelo,
es experto contando cuentos
y tiene un arcoíris directo al cielo.

Mi persona favorita
tiene dos hijos, un conejo y un perro.
Un corazón que no le cabe en el pecho
y sus abrazos son capaces de detener el tiempo.

ÍNDICE